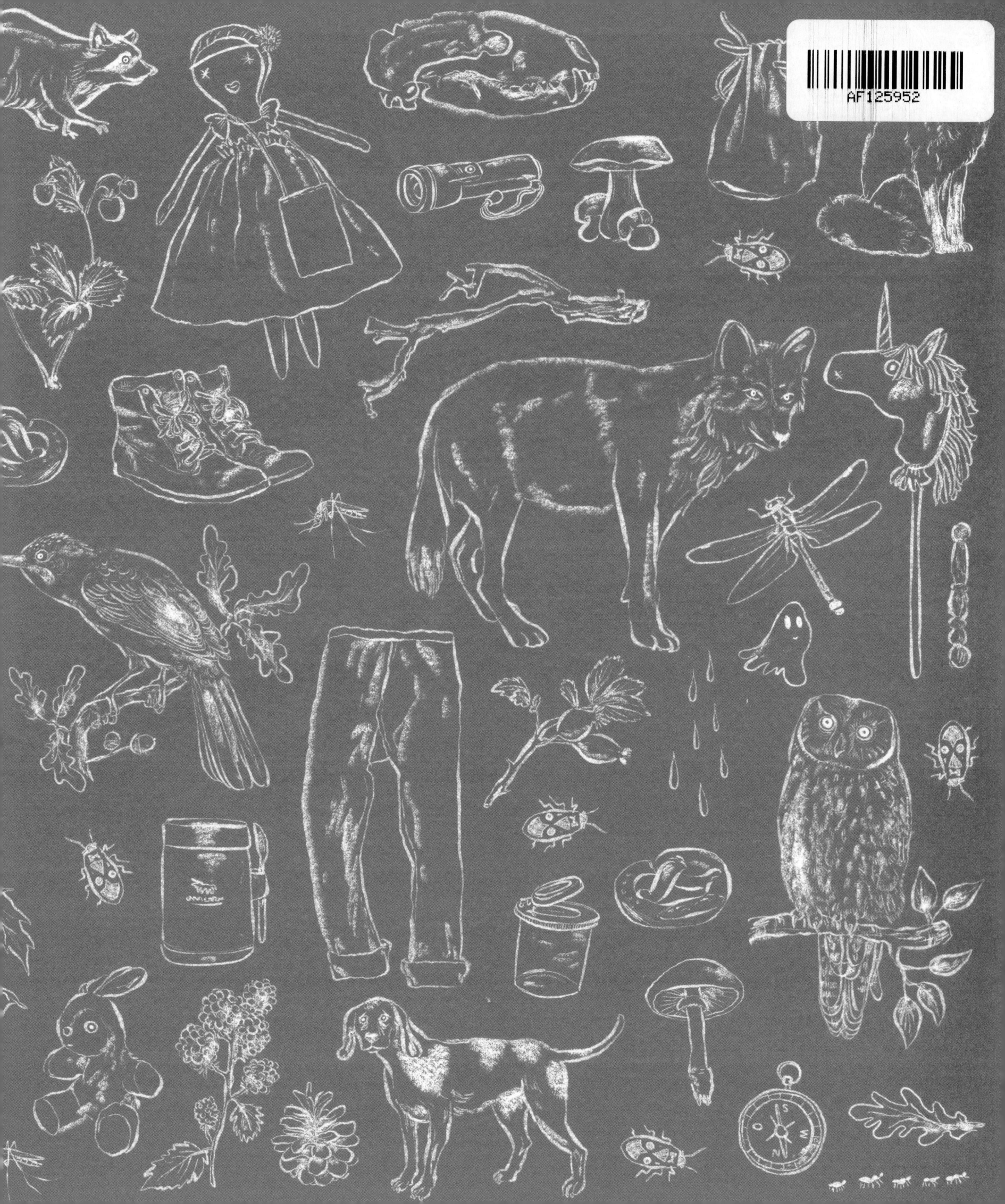

Judith Drews

UNSER TAG IM WALD

DEIN MITBESTIMMBUCH

VERLAGSHAUS JACOBY & STUART

Pony

Schubkarre

Auf geht's!
Womit startest du deinen Ausflug in den Wald?

Esel

Alpaka

Steckenpferd

Rollschuhe

Tretrad

Kutsche

Kanu

Stelzen

Fahrrad

Flughörnchen

Stiefel

Bollerwagen

Rutschauto

Schlitten

Köfferchen

Vogelpfeife

Sammelbeutel

Kochtopf

Teddy

Gitarre

Malheft

Erste-Hilfe-Set

FIRST AID KIT

Was möchtest du dieses Mal mitnehmen?

Zelt

Dinosaurier

Taschenmesser

Dolch

Kompass

Zauberstab

Spiegel

Picknickkorb

Wimpelkette

Seil

Seil

Rucksack

Trinkflasche

Kerze

Zahnbürste

Becherlupe

Säge

Puppe

Hund

Taschentücher

Karabinerhaken

Feuerstahl

Trillerpfeife

Taschenlampe

Fernglas

Kette

T-Shirt

Sandalen

Pumps

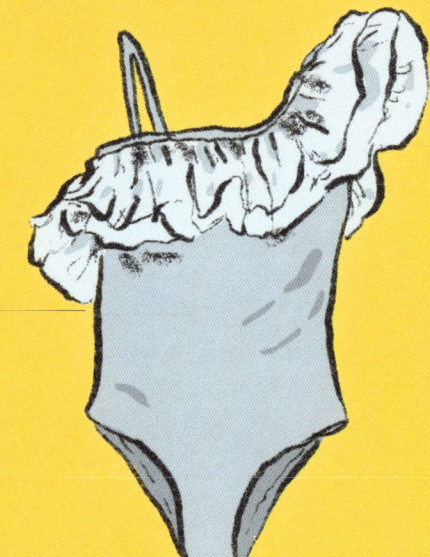

Badeanzug

Hose

Unterhose

Socken

Und ... was willst du anziehen?

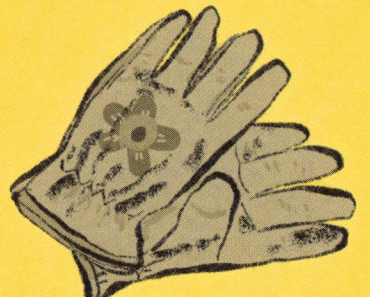

Superheldenkostüm

Fuchsmaske

Handschuhe

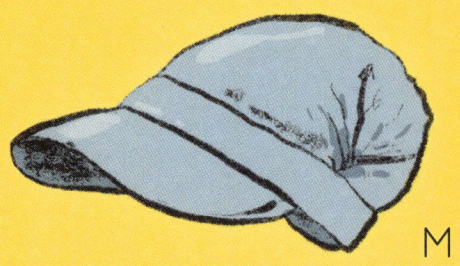

Mütze

Vampirflügel

Overall

Uhr

Turnschuhe

Hasenmütze

Schal

Kleid

Perücke

Such du dir zuerst etwas aus.

Rock

Tiara

Sonnenbrille

Gummistiefel

Pullover

Kopfschmuck

Punker

Hexe

Kuschelhase

Wer soll dich begleiten?

Powergirl

Prinzessin

Ritter

Falkner

Schwesterchen

Waschbär

Ninja

Rotkehlchen

Katze

Brüderchen

Ballon

Geist

Pferd

Hund

Oder hier?

Lianen

Schwimmflügel

Meerjungfrauenschwanz

Brücke

Paddelboard

Dosenstelzen

Tretboot

Gummihose

Welchen Weg nimmst du?
Über das Wasser hinweg ...

Taucherbrille

Schnorchel

Schildkröte

Seilbrücke

Schaukel

Hüpfball

Feenflügel

Stelzen

Leiter

... oder mitten hindurch?

Erpel

Schlittschuhe

Steine

Fuchs

Rotkäppchen

Wem wirst du wohl begegnen?
Was denkst du?

Reh

Monsterchen

Zauberin

Dachs

Reiher

Feuerkäfer

Trollkind

Käfer

Bär

Kohlmeise

Hase

Ameisen

Elfe

Mooskind

Wolf

Igel

Förster

Kreuzspinne

Efeu

Raubtierschädel

Feuerholz

Und ...
was wirst du wohl alles finden?
Oder sogar mitnehmen?

Brennnessel

Fingerring

Baumpilze

Spinnennetz

Fliegenpilz
(giftig!)

Farn

Flügel

Eicheln

Knochen

Geweih

Brombeeren

Federn

Frosch

Diamant

Kiefernzapfen

Vogelnest

Anemone

Stockmann

Glas

Steine

Gewölle

Handschuh

Knabberspuren

Holzstück

Schneckenhäuser

Mistkäfer

Stechpalme

Buchecker

Dann wirst du dich
entscheiden müssen.
Hier entlang?

Oder hier?

Decke

Hängematte

Gras

Felsstein

Wo wird wohl dein Lieblingsplatz sein?

Steinkreis

Mäuseloch

Hochsitz

Kletterbaum

Schaukel

Baumstumpf

Sattel

Eher weit oben? Oder am Boden?

Wippe

Laubhaufen

Trollhaus

Pilzkreis

Kuckuck

Spatzen

Eule

Hirsch

Krähe

Was denkst du,
wirst du hören?

Amsel

Motorsäge

Libelle

Eichelhäher

Taube

Hummel

Raubvogel

Trommel

Äste

Regentropfen

Frischlinge

Holzfäller

Waldmaus

Blätter

Mücke

Specht

Kirschen

gegrillte Maiskolben

Minze

Natürlich musst du auch etwas essen und trinken.
Worauf hast du Appetit?

Wasser

Sauerklee

Wassermelone

Müsliriegel

getrocknete
Mango

Brathähnchen

Banane

Pellkartoffeln

Bonbons

warmes Essen

Sandwich

Birne

Donut

Doppelkeks

Joghurt

Tee

Blaubeeren

Croissant

Eis

Apfel

belegtes Brötchen

Würstchen

Himbeeren

Walnüsse

Sahnetorte

Schokolade

Laugenbrezel

heiße Suppe

Marshmallows

gekochte Eier

Walderdbeeren

Hagebutten

Pilze

Überraschung

Stockbrot essen

Wasser holen

klettern

Papierboote falten

Fische keschern

**Du hast den ganzen Tag Zeit.
Was willst du noch machen?**

Kopfschmuck
basteln

Blumen
pflücken

Rahmen
binden

Flaschenpost
verschicken

Rindenboot
bauen

Lagerfeuer entfachen

Steinmännchen bauen

Knoten üben

zeichnen

Spuren suchen

Beeren sammeln

Graspuppe binden

Glücksklee finden

Schweifball spielen

Bogen schießen

in den Schlafsack kuscheln

essbare Pilze sammeln

Zauberstäbe schnitzen

Blumenkranz flechten

Hütte bauen

Wenn die Dämmerung kommt,
machst du dich auf den Heimweg.
Hier entlang?

Oder hier?

Bevor du nichts mehr
sehen kannst, wirst du wieder
zu Hause sein.

Judith Drews wuchs in einem Haus im Wald nahe der Nordsee auf
und studierte Illustration in Hamburg. Inzwischen lebt sie in Berlin und arbeitet
in dem von ihr gegründeten Atelier Flora als freie Illustratorin und Gestalterin
für Verlage im In- und Ausland.

Ihre Illustrationen wurden national und international vielfach ausgezeichnet.

Klimaneutral
Druckprodukt
ClimatePartner.com/13916-1911-1001

MIX
Fördert gute
Waldnutzung
FSC® C023577
www.fsc.org

All unsere klimaneutral gedruckten Novitäten und Nachdrucke
finden Sie auf climatepartner.com unter Angabe der ID 13916-
1911-1001. Hier erhalten Sie auch Einblick in die Windenergie-
und sozialen Projekte, die wir mit Ihrer Hilfe unterstützen.

Dieses Buch ist auf Papier
gedruckt, für das nur Holz
aus nachhaltiger Forstwirt-
schaft verwendet wurde.

© 2023 Verlagshaus Jacoby & Stuart, Berlin
Illustrationen, Text und Gesamtgestaltung: Judith Drews
Alle Rechte vorbehalten
Druck & Bindung: Polygraf
Printed in Slovakia
ISBN 978-3-96428-182-1